Joseph Schick

Prolegomena zu Lydgate's Temple of Glas

Joseph Schick

Prolegomena zu Lydgate's Temple of Glas

ISBN/EAN: 9783337413705

Hergestellt in Europa, USA, Kanada, Australien, Japan

Cover: Foto ©Thomas Meinert / pixelio.de

Weitere Bücher finden Sie auf **www.hansebooks.com**

Prolegomena zu Lydgate's Temple of Glas.

INAUGURAL-DISSERTATION

ZUR

ERLANGUNG DER DOCTORWÜRDE

VON DER

PHILOSOPHISCHEN FACULTÄT

DER

FRIEDRICH-WILHELMS-UNIVERSITÄT ZU BERLIN

GENEHMIGT

UND

NEBST DEN BEIGEFÜGTEN THESEN

ÖFFENTLICH ZU VERTHEIDIGEN

AM 21. DECEMBER 1889

VON

JOSEPH SCHICK

AUS KISSTISSEN.

OPPONENTEN:

HERR DR. PHIL. ROBERT EULE.
HERR CAND. PHIL. HERMANN DEIMLING.
HERR DR. PHIL. WILHELM RANISCH.

BERLIN 1889.
DRUCK VON H. S. HERMANN,
BEUTHSTR. 8.

Vorbemerkung.

Die vorliegenden Blätter bringen einen Teil der
Prolegomena zu einer Ausgabe von Lydgate's "Temple
of Glas", welche der Berliner Philosophischen Facultät
als Doctordissertation vorgelegen hat, und die für die
Early English Text Society gedruckt werden wird.
Die vollständigen Prolegomena werden noch die Unter-
suchung über die Quellen, die Textkritik und einiges
über Sprache und Metrik des Denkmals bringen.
Schon hier erfülle ich die angenehme Pflicht, für
vielfache Hilfe und Unterstützung, die mir für die
Arbeit zu Teil geworden ist, zu danken. In erster
Linie sind es zwei Mitglieder des höchsten englischen
Adels, Seine Durchlaucht der Herzog von Devonshire,
und der Marquis of Bath, für deren überaus gütige
Übermittlung zweier wertvoller Exemplare des Gedichts
aus ihren Bibliotheken ich zu danken habe. Auch ich
kann nur in den allgemeinen Preis der grossmütigen
Bereitwilligkeit einstimmen, mit welcher beide hohen
Herren in echt britischem Hochsinn wissenschaftliche
Arbeit stets unterstützt haben. Ferner statte ich meinen
Dank den Autoritäten des Britischen Museums, der

1*

Bodleian zu Oxford, und der University Library zu Cambridge ab, für persönliche Hilfe besonders Mr. Bullen, Mr. Graves, Mr. Bickley, Dr. Macray, Mr. Jenkinson; ferner Mr. Peskett und Prof. Skeat. Mit besonderer Dankbarkeit und Verehrung aber muss ich des Gelehrten gedenken, der meine wissenschaftlichen Studien hier in entscheidender Weise beeinflusst hat, und ohne dessen Unterricht und stets bereite gütige Hilfe diese Arbeit nicht hätte zu Stande kommen können — Herrn Professors Julius Zupitza.

I. Literarhistorisches.

§ 1.

Einleitung.

Unter Chaucer's Nachfolgern auf dem Gebiet der
englischen Poesie ist keiner fruchtbarer gewesen und
seiner Zeit mehr gelesen worden als John Lydgate,
Benedictinermönch der Abtei von Bury St. Edmunds.
Nicht nur seine vielen kleineren Gedichte, auch die
weitschichtigen Werke seiner mittleren Periode, die
Story of Thebes, das Troybook und die Falls of
Princes sind in einer stattlichen Zahl zum Teil pracht-
voller Handschriften, und in zahlreichen Folianten und
Quartbänden aus der Presse der ersten englischen
Drucker auf uns gekommen. Für den Chaucerforscher,
den Sprachgelehrten und den Archäologen sind diese
Werke auch jetzt noch von Interesse; der poetische
Wert freilich gerade seiner langgesponnenen Reimereien
ist nur ein geringer, doch haben auch in neuerer Zeit
noch drei Kritiker von so hervorragender Bedeutung
wie Thomas Gray, Warton und ten Brink seine poetischen
Leistungen schonend, ja liebevoll gewürdigt. Bei seinem
zeitgenössischen Publikum erfreute sich der Mönch
jedenfalls einer ausserordentlichen Beliebtheit; er galt
allgemein für den grössten lebenden Dichter unter

seinen Zeitgenossen; kein geringerer als der Sieger von
Agincourt, wie auch der berühmte Mäcen Herzog
Humphrey von Gloucester, waren seine Gönner, und
seine zwei längsten Werke sind auf ihre Anregung hin
entstanden. Seinen weniger umfangreichen Gedichten
ist in ausgedehntem Masse die Ehre zu Teil geworden,
neben denen seines bewunderten und verehrten Meisters
Chaucer prangen zu dürfen.[1]) So war gerade das
Gedicht, mit dessen Untersuchung sich die nachfolgenden
Blätter beschäftigen, eines der allerbeliebtesten, wie die
vielen Handschriften, in denen allen es unter Gedichten
von Chaucer steht, sowie die bis in die Mitte des
16. Jahrhunderts immer wieder neuaufgelegten Drucke
bezeugen. Da das Gedicht sich auch in Diction, Versification und äusserlicher Verwendung der erborgten
Motive — kurz in der ganzen Technik — an die Pro-
ducte der Chaucer'schen Muse anlehnt, so ist es für die
Geschichte des Einflusses von Chaucer auf die Literatur
seines Landes immerhin ein nicht uninteressantes Denk-
mal; ausserdem wird die Kritik der überlieferten Texte
zugleich auch einen Beitrag bilden zur Vervollständi-
gung unserer Kenntniss von einer Anzahl Chaucer-
handschriften nach ihrem Wert an und für sich und
nach ihren Abhängigkeitsverhältnissen.

---

[1]) So sind auch umgekehrt 2 Gedichte von Chaucer, nämlich
"Truth" und "Fortune", unter Gedichten von Lydgate enthalten
in den "Proverbes of Lydgate", die von Wynkyn de Worde ge-
druckt wurden; s. J. P. Collier, Bibliographical and critical
Account of the rarest Books in the English Language (1865),
I, 501; Lowndes, ed. Bohn III, 1419 (ungenau); Bibliotheca
Heberiana IV, 178; Brunet III, 1249.

§ 2.
Inhalt des "Temple of Glas".

Zwar hat schon Warton in seiner "History of English
Poetry" das Gedicht besprochen und Proben daraus gegeben; da jedoch in Hazlitt's Neubearbeitung (III, 61 ff.)
nur die Einleitung berücksichtigt ist, und in der Tat
der Schein erzeugt wird,[1]) als bilde diese das Gedicht
selbst, so wird es nicht unangezeigt sein, zur Orientirung
den Inhalt in Kürze vorauszuschicken.

Beklemmt und gedankenschwer hat sich der Autor
in einer Decembernacht zum Schlafe niedergelegt, und
sieht sich nun während desselben, nach dem beliebten
Traummotiv, vor einen Glastempel versetzt, der, tief in
einer Wildniss, auf einem schroffen, „wie Eis gefrornen"
Felsen steht (Vers 1—20). Geblendet vom Glanz der
Sonne, den der Tempel reflectirt, kann er zunächst
nichts von seiner Umgebung klar erkennen; endlich
aber ziehen sich Wolken vor die Sonne, so dass er nach
langem Suchen und Wandern ein Pförtchen findet,
welches ihm Einlass gewährt (20—40). Ins Innere ge-
langt, sieht er ringsherum an den Wänden des kreis-
förmigen Tempels die Gestalten berühmter Liebespaare
des klassischen Altertums sowie der mittelalterlichen
Sage dargestellt, in den verschiedensten Stellungen,

---

[1]) Nicht so in der ersten Auflage von 1774, wo es S. 418
heisst: *"The pathos of this poem which is indeed exquisite, chiefly
consists in invention of incidents, and the contrivance of the story,
which cannot conveniently be developed in this place: and it will be
impossible to give any idea of its essential excellence by exhibiting
detached parts."*

mit "billes" in ihren Händen, welche sie der Venus
übergeben wollen mit der Bitte, ihre Schmerzen zu
lindern (40—54). Hierauf folgt die Aufzählung dieser
Paare (55—142) und die Angabe des Inhalts all ihrer
Klagen (143—246). Zu allerletzt erblickt der Träumende
auch eine Dame, ein Muster von Schönheit und Tugend,
zu deren Schilderung der ganze Kram der damaligen
Formelpoesie herhalten muss (247 –314); dieselbe reicht
ebenfalls, wie die vorigen, der Venus eine "bill" dar
(315—320) mit ihrem Liebesleid, das sie nun zu klagen
beginnt. Nach Vorbringung ihrer Klage (321—369),
dass sie von ihrem Geliebten getrennt sei, tröstet sie
Venus und verspricht ihr Vereinigung mit ihrem Ritter
(370–453), wofür die Dame dankt (454–502). Venus
wirft ihr dann Hagedornzweige zu und knüpft für ihre
Clientin die Ermahnung daran, dieselben als Symbole
treuer Liebe heilig zu halten (503—530).

Während der Dichter so fortträumt, sieht er sich
auf einmal unter einer grossen Menge Volkes, die der
Venus in ihrem Tempel Opfer darbringen (531—544);
er begibt sich aus dem Gedränge fort und findet nun,
einsam herumgehend, den Ritter, der, von Liebesleid
abgehärmt, ein langes Selbstgespräch hält und sich
endlich entschliesst, der Venus ebenfalls seine Liebes-
klagen vorzubringen (545–700). Nachdem dies geschehen (701—847), tröstet Venus auch ihn, wie vorher
die Dame; sie schickt ihn zu seiner Geliebten, wo er
mutig sein Anliegen vortragen solle (848—931). Mit
bangem Herzen macht sich der Ritter auf den Weg
(932–969) und gesteht der Dame seine Liebe (970—1039),

worauf die Jungfrau, hoch errötend, züchtiglich ant-
wortet, indem sie sich in den Willen der Venus, als
ihrer Herrin und Gebieterin, ergibt (1040—1102). Beide
treten nun demütig vor Venus, die sie unter vielen
Ermahnungen verbindet (1103—1298), worauf Venus
von allen Anwesenden gepriesen und gebeten wird, die
beiden Liebenden für immer so an einander gefesselt
zu halten (1298 - 1319). Dies wird gewährt (1320—1353)
und nun erklingt der ganze Tempel von einer „Ballado",
die der Venus zum Preis von allen treuen Liebhabern
im Tempel gesungen wird (1334—1361). Der Dichter
aber erwacht durch diese Klänge, ist betrübt, dass der
schöne Anblick vorbei ist, und nimmt sich vor, zum
Lob der Frauen 'a litil tretise" zu machen (1362—1403),
bis er Zeit finde, seinen Traum zu behandeln, um ihn
dann seiner Geliebten zu senden.
     Über ein langes Anhängsel in der Fassung der
Hss. G und S, die "Compleynt", s. § 6, 4 und 5.

§ 3.

Der Titel des Gedichts.

     Der Titel des Gedichts ist in sämmtlichen Hand-
schriften und Drucken, in denen es überliefert ist, "The
Temple of Glas"; nur in F und B, die auf eine gemein-
same Quelle zurückgehen, heisst das Gedicht in Überschrift, Colophon und laufendem Titel "The Temple of
Bras"; in F ist *Bras* freilich von späterer Hand (in der
Überschrift zweimal, im Colophon einmal) zu *Glas*
corrigirt. Vielleicht machte das gemeinschaftliche

Original von B und F dieses Versehen, weil für Chaucer's Parliament of Foules auch der Titel "the temple of bras" vorkommt — nämlich im Colophon von Caxton's Druck in der Cambridger Universitätsbibliothek (AB. 8. 48. 6), und dem Fragment davon im Britischen Museum (C. 40. l. 1); s. auch Blades, Caxton II, 70; Warton-Hazlitt III, 61, Anm. 1: Tanner, Bibliotheca Britannico-Hibernica, pag. 491; Furnivall, Trial-Forewords S. 116 — nach Vers 231 des Parl. of Foules, wo merkwürdigerweise F gerade *glas* liest (wie danach bei Morris steht). Ein Zweifel kann für unser Gedicht schon deshalb nicht bestehen, weil an der entscheidenden Stelle Vers 16 in der gesammten Überlieferung *glas* steht.

Über den weiteren Titel: *The dreeme of a Trewe lover* etc. in S vgl. § 6, 5.

§ 4.
Die Autorschaft des Gedichts.

Unter den Handschriften sind bloss zwei, die den Namen eines Autors, nämlich den Lydgate's, anführen. In der Hs. Fairfax 16 steht derselbe allerdings nur im Inhaltsverzeichniss von späterer Hand (ca. 1560) zugefügt, der gleichen, welche auch die in F fehlenden Verse 96. 154. 216. 320 nachgetragen hat (Stowe's? vgl. § 6, 2).

Dann aber steht in Shirley's Additional Ms. 16165 der Autorname einmal in der Überschrift (s. § 6, 5) als "daun John", auf fol. 231a als "þe Muke of Bury", auf fol. 231b als "Lidegate", endlich auf fol. 212a dem laufenden Titel an-

gefügt, so dass dieser dort lautet: "*þe* dreme of A lover *calde*
þe Tēple of glasse by Lydegate" (das cursiv Gedruckte später).
Im ersten und letzten Eintrag ist die Handschrift etwas
anders als im eigentlichen Text; es dürfte aber doch
noch immer Shirley's Hand sein. Aber noch eine andere
Stelle dieses Manuscripts, unzweifelhaft von Shirley geschrieben, könnte für unser Gedicht beweisend sein.
Es ist die gleiche Stelle, welche Skeat, Chaucer's Minor
Poems, S. XLV und XXIII, Anm. 3 für die "Complaint
of the Black Knight" in Anspruch nimmt Shirley hat
nämlich diesem Ms. einen Prolog in 104 Versen zugefügt, die auf 2 Pergamentblättern am Anfang stehen,
und den Inhalt des ganzen angeben. Die Reihenfolge
der Stücke im Ms. ist: 1. Chaucer's Boethiusübersetzung;
2 das Nicodemusevangelium; 3. *þe* maistre of the game;
4. The Compleint of an Amorous Knight [= Black
Knight]; 5. Regula Sacerdotalis; 6. The Dreme of a
trewe lover [= Temple of Glas]; 7. Compleint of Anelida;
endlich eine Reihe kleinerer Gedichte. Von diesen
bespricht nun Shirley in dem genannten versificirten
Prolog zunächst folgende: Boethius (Vers 25—34), das
Nicodemusevangelium (von Johan Trevysa übersetzt)
(35—44), Maistre of the game (45—61), Regula sacerdotalis (61—71), also mit Auslassung von No. 4 (The black
Knight); dann folgt:

72. *þanne and ye wol þe wryting suwe,*
   Shul ye fynde wrylen of a knyght,
   þat serued his soueraine lady bright,
75. *As done þees louers Amerous,*
   Whos lyff is offt seen parillous,

Askeþe of hem, þat haue hit vsed,
A dieux Joenesse, I am refused,
Whos complaynt is al in balade,
80. *þat Daun Johan of Bury made,*
Lydegate, þe Munk cloþed in blacke —
In his makyng þer is no lacke —
And thankeþe Daun Johan for his peyne,
þat to plese gentyles is right feyne,
85. *Boþe with his laboure, and his goode,*
God wolde, of nobles he hade ful his hoode.[1]

Die Reihenfolge weist bestimmt auf den Temple
of Glas hin (vgl. Vers 72); ferner ist es wegen der
Länge unseres Gedichtes gerade in der Fassung von S
(ungefähr 2000 Verse gegen nicht 700 des Black Knight)
wahrscheinlicher, dass es selbst nicht übergangen wurde.
Endlich ist dieser längern Inhaltsangabe in Versen noch
eine Übersichtsliste oben auf der ersten Seite beigefügt,
wo No. 4 bezeichnet wird als *þe dreme for lovers* (Black
Knight), 5 als *þe Ruyle of preestis*, 6 als *þe compleynt
of a lover* (Temple of Glas), welcher Ausdruck ganz
zu Vers 79 passt. Die Möglichkeit, dass dennoch der
Black Knight mit der Stelle gemeint ist, soll aber nicht
geradezu abgeleugnet werden; der Ausdruck *al in balade*
(Vers 79) stimmt sehr gut für jenes Gedicht und der
Inhalt des Temple of Glas wäre in diesen Versen doch
nur sehr inadäquat ausgedrückt. Für den Black Knight
bleibt aber jedenfalls immer noch Shirley's hand-

[1] Darf man aus Vers 83—86 schliessen, dass Lydgate noch
am Leben war? Shirley starb am 21. October 1456, s. Stowe's
"Survey of London", ed. Thoms (1876), S. 140.

schriftliches Zeugniss bestehen, dass Lydgate der Verfasser ist, da dessen Name zweimal (auf fol. 192a und 193a) dem laufenden Titel beigefügt ist; ausserdem steht oben auf fol. 200b als laufender Titel: *Lenvoye of daun John.*

Der dritte Zeuge nach Shirley und Stowe für Lydgate's Autorschaft — zugleich der unzweideutigste — ist der Dichter Stephen Hawes. In seinem Pastime of Pleasure (ed. Thomas Wright, Percy Society 1846, S. 54) gibt Hawes einen Catalog von Werken von Lydgate, an dessen Schluss es heisst:

> *and the tyme to passe,*
> *Of love he made the bryght temple of glasse.*

Gerade Hawes ist ein sehr guter Zeuge. Er war wol der begeistertste Verehrer, den Lydgate je gefunden hat, wie besonders aus der Umgebung der oben citirten Stelle hervorgeht; dies bezeugt ausserdem Wood, Athenae Oxonienses (Ausgabe von 1721, Col. 6) und nach ihm Lewis, Life of Caxton, London 1737 S. 103, Note t (vgl. auch Warton-Hazlitt III, 170): (Stephen Hawes) "was highly esteemed by him (King Henry VII.) for his facetious Discourse, and prodigious Memory; which last did evidently appear in this, that he could repeat by Heart most of our *English* Poets, especially *Jo. Lydgate* a Monk of *Bury,* whom he made equal in some Respects with *Geff. Chaucer*".

Seltsamer Weise hat sich nun andererseits eine Tradition gebildet, welche gerade diesen Stephen Hawes zum Verfasser des Temple of Glas machen will. Dieselbe tritt uns zuerst bei dem bekannten Dramatiker,

Theologen und Literarhistoriker John Bale entgegen,
in dessen Werk: "Scriptorum illustrium maioris Bry-
tanniae Catalogus". Basileae 1557. Dort wird auf
S. 632, unter der Centuria octava, No. LVIII Hawes
ein "Templum crystallinum" in einem Buche zugeschrieben. Dasselbe findet sich dann auch bei John
Pits, in dessen "Relationum historicarum de Rebus
Anglicis Tomus primus". Parisiis 1619, cap. 903
(Jahr 1500). Natürlich fehlt nun der Temple of Glass
bei Bale und Pits in dem langen Catalog von Lydgate's
Werken (Bale Centuria octava, No. VII, pag. 586; Pits
cap. 820, pag. 632), und ebenso in den von Bale,
respective Pits abhängigen Werken. Auf Pits fusst
Ghilini mit seinem "Teatro d'Huomini letterati aperto
dall' Abbate Girolamo Ghilini". In Venetia 1647 (vol. II,
130) und auf diesem, wenigstens in der Liste der Werke,
Papadopoli Historia gymnasii Patavini, Venetiis 1726
(vol. II, 165, caput V.); auch diese beiden lassen in
ihrer Liste von Lydgate's Werken den Temple of Glas
aus. In gleicher Weise herrscht Schweigen über
unser Gedicht bei dem Bischof Josephus Pamphilus
in seiner "Chronica ordinis Fratrum Eremitarum sancti
Augustini" Romae 1581, pag. 88; [1]) bei Winstanley, The

---

[1]) Bei Pamphilus erscheint Lydgate als Augustiner (ebenso
bei Edward Phillips, Theatrum poetarum, 1675, pag. 113 der
Modern Division); sein Todesjahr wird auf 1482 angesetzt, wes-
wegen er von Pits zurechtgewiesen wird. Dies beruht wol auf
einer Verwechslung des Benediktiners John Lydgate, Monk of
Bury, mit dem Augustiner John of Bury (in Bury geboren), der
nach Bale (centuria octava, No. XX, pag. 595) ca. 1460 blühte
(auch in Fuller's Worthies of England, 1662, erwähnt, unter
Suffolk, Seite 69).

Lives of the most famous English Poets, 1687; in
Zedler's Universal-Lexicon 1738, und in Jöcher's Ge-
lehrten-Lexicon 1750 (alle abhängig von Bale oder Pits).
Positiv tritt uns nun Hawes wieder als Autor entgegen in Wood's "Athenae Oxonienses", Ausgabe von
1721, col. 6, wo unter Hawes' Werke "The Crystalline
Temple" erwähnt wird, offenbar nach der lateinischen
Vorlage von Bale oder Pits, wie der Titel zeigt. Besonders wichtig aber ist die Angabe bei Ames, in
der ersten Auflage der "Typographical Antiquities",
London 1749. Dort wird Wynkyn de Worde auf S. 86
folgender Druck zugeschrieben:
1500. Here bygenneth the temple of Glas, *wrote
by Stephen Hawes grome of the chamber to king Henry VII.
It contains 27 leaves in Octavo.*

An diese Stelle knüpft sich nun ein wahrer Ratten-
könig von Missverständnissen in den verschiedenen
Auflagen von Warton, Ames und Wood's Athenae
Oxonienses. Warton nämlich (Hist. of English Poetry,
London 1778, vol. II, 211, Note h) glaubte, auch die
bei Ames an obiger Stelle cursiv gedruckten Worte
stünden auf dem Titel der Ausgabe von Wynkyn de
Worde, wovon natürlich keine Rede ist: das cursiv
Gedruckte ist nur Ames' Privatansicht über den Autor;
sein Gewährsmann wird wol Bale oder Pits gewesen
sein, wenn nicht Herbert (I, 195) Recht hat, nach
welchem Ames seine Ansicht leicht aus einer hand-
schriftlichen Notiz in einem gedruckten Exemplar des
Temple of Glas, damals im Besitz von James West,
später von Mason und Heber, bekommen haben könnte.

Diese Ausgabe kam zu Hawes' Lebzeiten heraus (ca. 1500), und da also Warton irrigerweise annahm, dass Hawes' Name auf dem Titel stand, so war dies für ihn Grund genug, Hawes für den Autor zu halten, trotzdem dass ihm die oben angeführte Stelle aus dem Pastime of Pleasure, wo Hawes das Gedicht Lydgate zuschreibt, vorlag. Die Discussion und Abwägung dieser Argumente ging nun auch von Warton in die spätern Auflagen von Ames durch Herbert und Dibdin über, und eine Verwechslung der Drucke von Caxton und Wynkyn de Worde sammt diesbezüglicher Controverse machte das Unglück noch grösser. Es würde jedoch zwecklos sein, die Provenienz aller Irrtümer im einzelnen festzustellen und ihre Berichtigung zu versuchen. In die bibliographischen Verhältnisse bringt hoffentlich § 7 Licht, und die Ansicht, dass Hawes der Verfasser des Temple of Glas sei, wird doch endgiltig auf das schlagendste durch zwei Beweisgründe widerlegt, nämlich dass, wie schon berührt, Hawes selbst das Gedicht Lydgate zuschreibt und dass zwei Hss., Tanner 346 und Gg. 4. 27 ca. 100 Jahre vor Hawes' Blütezeit fallen.

Letztere Tatsache macht uns die Verweisung auf die Paston-Letters (wo unter dem 17. Febr. 1471/72 der Temple of Glas erwähnt wird) durch Hallam, Introduction to the Literature of Europe (4. Auflage 1854) I, 311 und George Mason in seinem Exemplar des Drucks von W. de Worde, citirt bei Dibdin II, 305 Anm. unten und Warton-Hazlitt III, 61, Anmerkung, Schluss, entbehrlich. Die Stelle steht, in der Ausgabe von John Fenn (1787) vol. II, 90, bei Arber III, 37, in einem

Briefe von John Paston, Knight, an Johan Paston, Esquier, wo es heisst:

"*Brother, I comande me to yow, and praye yow to loke uppe my tēple off Glasse and send it me by the berer herof.*"
In der Note dazu schwankt auch Fenn zwischen Hawes und Lydgate als Autor; Arber gibt Lydgate. Vgl. auch Arber III, 300 (Fenn II, 300), wo im "Catalogue of John Paston's Books" "a blak Boke" erwähnt wird, das unter anderm den "Temple of Glasse" enthielt.

Ich bemerke nur noch, dass, hauptsächlich von Ames und Warton aus, der Irrtum sich in mehrere Handbücher, Encyclopädien etc. eingeschlichen hat, so in Chalmers' Biographical Dictionary (1814); Allibone, Dictionary of English Literature (1881); Maunder-Cates, The Biographical Treasury (1878); Rose, Biographical Dictionary; Biographie Universelle (Michaud) 1857; Nouvelle Biographie générale (1858); Larousse, Dictionnaire du 19e siècle; Edward Phillips, Theatrum Poetarum Anglicanorum 1800 (nach Warton); Adams' Dictionary of English Literature schwankt (s. Artikel Hawes, Lydgate, Temple of Glas). Auch im Catalog der Tanner-Manuscripte in der Bodleian von Hackman (1860) wird, unter No. 346, Hawes als Verfasser genannt, wol nach der Notiz im Index des Tanner Ms. 346, wo Pits als Quelle citirt wird (s. § 6, 1). Nach Ersch und Gruber's Encyclopädie (Artikel Hawes) soll der Temple of Glas von Hawes gar Chaucer's Temple of fame parodiren! Als Quelle wird Crabb's Dictionary angegeben, wo jedoch die letzte Ungeheuerlichkeit nicht zu finden ist.

2

Dagegen nennen andere ältere und jünge
Autoritäten Lydgate richtig als den Verfasser. Das i
der Fall in Speght's Chaucer (1602), wo auf fol. 3i
ein Catalog von Lydgate's Werken steht (eine Stell
die Warton kannte, s. Ausgabe von 1778, vol. II, 2
Note h, Ende). Middleton allerdings nennt bei sein
Beschreibung der Cambridger Sammlung, in "A Disse
tation concerning the Origin of Printing in England
Cambridge 1735, S. 29, direct keinen Autor; er schei
jedoch das Gedicht, wie die andern Stücke der Samn
lung, für ein Werk Chaucer's zu halten. John Lewi
im Life of Caxton, London 1737, S. 104, nennt Joh
Lydgate; auch in der Bibliotheca Britannico-Hiberni
von Thomas Tanner (Bischof von Asaph), London 174
p. 491, wird im Artikel Lydgate diesem ein Temple
glasse zugeschrieben. Derselbe Ames, der mit der obe
citirten Stelle so viel Unheil anrichtete, nennt in den
selben Werke, S. 60, Lydgate den Verfasser; eben
Ritson, Bibliographia poetica, London 1802, S. (
(No. 10 von Lydgate's Werken), und Lowndes, Tl
Bibliographer's Manual, ed. Bohn III, 1419. In d
Neuausgabe Warton's von Hazlitt (III, 61) ist Lydga
wieder in seine Rechte eingesetzt worden; s. fern
Ward, Chaucer S. 191 oben; Skeat, Chaucer's Min
Poems, passim; H. Morley, English Writers I
433 Anm.; Hallam, Introduction I, 311; J. F. Waller
Imperial Dictionary, das sich extra gegen Wart
wendet; Collier, A Bibliographical and Critical Accou
of the Rarest Books in the English Language I, 367.

§ 5.

Entstehungszeit des Gedichts.

Bekanntlich haben wir nicht allzuviele sichere
Daten über das Leben Lydgate's und die Chronologie
seiner Schriften. Die Grenzdaten seines Lebens sind
bis jetzt nicht festzustellen gewesen; seine Geburt
jedoch muss etwa in die Jahre 1370 (Ward, Catalogue
of Romances I, 75) oder 1371 (Köppel, Story of Thebes,
S. 13) fallen; sein Todesjahr ist frühestens 1446, s.
Zupitza, Anglia III, 532.

Leicht unterscheiden sich aber in seiner poetischen
Thätigkeit 3 Perioden. In die erste fallen jedenfalls
viele seiner kleinern Werke und die Einwirkung
Chaucer's auf ihn war ohne Zweifel hier am stärksten;
in diese Periode möchte ich den Äsop, den Temple of
Glass, Black Knight, Chorl and Bird, Horse, Goose and
Sheep etc. setzen. Die zweite Periode ist die der
langen Reimwerke, für die wir hinlänglich sichere
Daten haben. Das Troybook ist zwischen 1412 und 1421
geschrieben (Köppel a. a. O. S. 16; Ward, Catalogue I,
75); die Story of Thebes 1421 auf 1422; die Falls of
Princes ca. 1424—1433. In die letzte Periode, die Zeit
seines Alters, fallen sicher einige Legenden, so die von
Edmund und Fremund ins Jahr 1433, die von Albon
und Amphabel ins Jahr 1439.

Leider sind die Anhaltspunkte für eine genaue
Datirung des Temple of Glas nicht zureichend. Dass
er aber in seine frühere Zeit, vor die langen Reimwerke, die ihn von 1412 ab beschäftigten, fällt, beweisen

2*

die 2 Hs. T und G, welche beide kaum jünger als 1400
sind. Nehmen wir immerhin einen Spielraum von 10
bis 15 Jahren nach 1400 an, so wird uns das Gegen-
gewicht der starken Corruption der Ueberlieferung (die
2 Hss. G und S weichen, abgesehen von den bedeutenden
Interpolationen, an ca. 100 Stellen von den übrigen
Hss. ab; dazu kommen noch sehr zahlreiche Einzel-
fehler schon in G und noch mehr in S) eben immer
doch auf ein Datum führen, das spätestens nicht sehr
lange nach 1400 liegt. Dazu stimmt die Auslassung
gegen das Mönchsleben 201—208; aus Lydgate's
"Testament" wissen wir, dass er in seiner Jugend keine
Zuneigung zu seinem Stand hatte. Weiter bringen uns
auch die Quellen nicht, die Lydgate benützt hat, noch
Shirley's Angabe, das Gedicht sei "fait a la request
dun amoreux". Ob diese Angabe Shirley's selbst mehr
als eine aus der Luft gegriffene Annahme ist, können
wir auch nicht wissen; die Devise der Dame: "de
mieulx en mieulx magre" (in der zweiten Fassung
"humblement magre") habe ich bis jetzt nirgends finden
können.

Sollte jedoch die Annahme, dass das Gedicht ungefähr zwischen 1400 und 1410 fällt, richtig sein, so lässt
sich innerhalb dieser Grenzen das Datum noch genauer
bestimmen. Gleich zu Anfang des Gedichtes steht
nämlich eine astronomische Angabe bezüglich der Zeit
des Traumes, den Lydgate gehabt haben will. Es heisst
dort, er sei zu Bett gegangen

Whan þat Lucina wiþ hir pale liȝt
Was joyned last wiþ Phebus in Aquarie,

Amyd Decembre, when of Januarie
Ther be kalendes of þe newe yere.

Dies war also zur Zeit der Conjunction des Mondes im December. Was nun die letzten zwei Zeilen angeht, so erhalten wir über diese Ausdrucksweise sichern Aufschluss aus einer Stelle in Lydgate's Pur le roy, Halliwell, M. P., S. 2, wo die erste Strophe heisst:

Toward the ende of wyndy Februarie,
Whan Phebus was in the ffysshe croune,
Out of the signe, wiche callyd is aquary,
New kalendys were enteryd and begone
Of Marchis komyng, and the mery sone
Upon a Thursday sched his bemys bright
Upon Londone, to make them glad and lyght.

Das hier gemeinte Datum (es bezieht sich auf Heinrich VI. Krönung) ist der 21. Februar. Es bezieht sich natürlich eine solche Bestimmung auf die alte Kalenderrechnung, nach welcher nach den Iden des Monats (am 13., resp. 15.) schon die Rechnung nach den Kalenden des folgenden Monats eintrat. Unsere Stelle heisst also nichts anderes als: Mitten im December, als man schon nach Januarkalenden zählte; d. h. frühestens am 14. December, welcher der 14. Tag "ante Calendas Januarias" ist. Herr Professor Tietjen ist nun so gütig gewesen, mir eine Liste der Neumonde im December der Jahre 1400—1420 zu geben; danach war Neumond im Jahre 1400 am 16. Dec. (2^h Vormittags), 1402 am 24., 1403 am 14., 1405 am 21., 1407 am 29., 1408 am 17., 1410 am 26., 1411 am 15., 1413 am 23.,

1416 am 19., 1418 am 27., 1419 am 17., die übrigen
Neumonde fallen vor den 14. Dec. Bei weitem die
grösste Wahrscheinlichkeit haben hier für sich die
2 Jahre 1400 und 1403.

Aus Sprache und Versification darf man bei Lydgate jetzt noch absolut nicht wagen, Schlüsse auf die
Chronologie seiner Schriften zu ziehen. Sauerstein
(Lydgate's Aesopübersetzung S. 17) meint, wegen
der ungeschickten Handhabung der Sprache und den
schlechten Versen im Äsop documentiere sich dieses
Werk als eine Jugendarbeit; ten Brink, (Litt.-Gesch. II,
235) bezeichnet die Verse der Story of Thebes als auf-
fallend mangelhaft — und als Lydgate diese schrieb,
stand er auf dem Gipfel seines Ruhmes. Die Wahrheit
ist, dass wir von Lydgate's Versification und ihrer
Entwicklung noch recht wenig sicheres wissen; am
wenigsten können wir darüber Aufschluss erhalten aus
einem Manuscript von Shirley, oder dem Chaucerdruck
von 1561. Bevor kritische Ausgaben der wichtigeren
von Lydgate's Werken vorhanden sind, wird sich über
seine Metrik nichts Abschliessendes sagen lassen. Freilich sieht es ganz so aus, als ob ten Brink mit seiner
Ansicht Recht behalten wird, dass die holprigen Verse
der Story of Thebes doch nicht ganz auf Rechnung der
verderbten Überlieferung zu setzen seien.

II. Aus dem kritischen Teil.

§ 6.

Beschreibung der Ueberlieferung.

Wie schon in der Einleitung erwähnt wurde, war
der Temple of Glas im 15. und Anfang des 16. Jahrhunderts ein vielgelesenes Gedicht, von dem jetzt noch
ziemlich viele Hs. und Drucke vorhanden sind. Es
sind mir im Ganzen 7 Hss und 5 Drucke, von welchen
einer Fragment ist, zugänglich gewesen. Es sind die
folgenden:

A. Die Handschriften.

1. T = Tanner 346. Bodleian, Oxford. S. Skeat,
M. P., S. XLII. Pergament; ca. 1400—1420. Die in
dieser Hs. enthaltenen Gedichte sind von verschiedenen
Händen geschrieben; der "Temple of Glas" ist gerade
sehr alt, wol nah an 1400 hin. Das Gedicht beginnt
auf fol. 76a und endet auf 97a. Titel: *The tempil of
Glas*; am Ende: *Explicit*. Ornamentirte Capitalen, roth
und blau illuminirt. Im Index vorn: *The Tempil of
Glass, f [ecit] Steph. Hawes. v. Pits.*

2. F = Fairfax 16. Bodleian, Oxford. S. Skeat,

M. P., S. XL. Warton-Hazlitt III, 61 Note. Pergament,
ca. 1440—1450 (auf dem ersten Blatt steht die Jahres-
zahl 1450). In der Hs. sind an verschiedenen Stellen von
einer kleinen, zierlichen Hand fehlende Verse ergänzt
und sonstige Correcturen angebracht worden; es scheint
die Handschrift von John Stowe zu sein, vgl. Lange,
Untersuchungen über Chaucer's Boke of the Duchesse,
S. 1. Der Temple of Glas steht hier auf fol. 63a bis
82b; Titel aber *The temple of Bras*, wobei *Bras* später
zweimal in *Glas* corrigirt wurde, einmal, wie es scheint
von Stowe, oben, und von einer andern Hand unten.
Colophon: *Explicit the temple of Bras;* hier ist *Bras* nur
einmal (von Stowe?) in *glas* corrigirt. Laufender Titel:
The temple of Bras (s. § 3). Im Inhaltsverzeichnisse
vorn steht *The Temple off Glasse*, daneben von späterer
Hand (Stowe's?) *lidgate* geschrieben, s. § 4. Vorne in
der Hs. steht von Fairfax' Hand: *Note y* Joseph Holland*[1])
hath another of these Manuscripts. Am Ende (von Stowe's
Hand?): *Here lackethe . 6 .*[2]) *leves that are in Josephe
Hollands boke.* Das Gedicht ist jedoch in der Hs. voll-
ständig; entweder muss sich diese Bemerkung auf ein
zwischen dem "Temple of Glas" und der nächstfolgenden
"Legend of good Women" ausgefallenes Gedicht be-
ziehen; oder aber der Schreiber dieser Bemerkung hatte
in "Josephe Hollands boke" ein Exemplar der Gruppe

---

[1]) Joseph Holland, Antiquar aus Devonshire; mehrere
Artikel von ihm (datirt 1598—1601) stehen in Thomas Hearne's
"Collection of Curious Discourses", Oxford 1720. Vgl. Wood,
Ath. Ox. 2. Auflage, London 1721, vol. I, col. 521 (§ 605).

[2]) Danach ist Warton-Hazlitt III, 61. Anm. zu corrigiren.

A vor sich, mit der Compleynt am Ende, die ihm in
F zu fehlen schien (vgl. § 2 Ende). In der Hs. fehlten
ursprünglich die Verse 96, 154, 216, 320; davon ist 320
von Stowe, die 3 übrigen Verse von einer anderen
Hand ersetzt worden, 96 übrigens von Stowe noch einmal corrigirt. Ferner befinden sich zahlreiche Kreuze
am Rande, welche auf Fehler deuten, wohl auch von
Stowe. Die Zeilen beginnen fast stets mit Minuskeln.

3. B = Bodley 638. Bodleian, Oxford. S. Skeat,
M. P. XLI. Warton-Hazlitt III, 61. Papier und Perga-
ment; 4⁰; ca. 1470—1480. Der Temple of Glas steht
auf fol. 16b bis 58a. Titel: *The Temple of Bras*; laufender
Titel ebenso; Colophon: *Explicit The Temple of Bras.*
S. § 3. Die Zeilen beginnen meist mit Majuskeln.

4. G = Gg. 4. 27 der Universitäts-Bibliothek zu
Cambridge. S. Skeat, M. P. XLIII (die auf S. XLIV
angeführte Stelle ist Vers 701—704 des Temple of Glas,
nicht eine Fortsetzung) und L. g. W. XXXVIII. Pergament; ca. 1400 oder nicht viel später. Der Temple of
Glas steht auf fol. 458a—482b; es fehlt ein Blatt zwischen
fol. 479 und 480 (= 513 der neuen Zählung); ferner
nach 482b, den Rest der Compleynt (s. § 2) enthaltend;
auch fehlen in dem Temple of Glas selbst Vers 531 bis
596. Der Titel steht schon am Fuss von fol. 457b:
Here begynyth the temple of Glas. Das Inhaltsverzeichniss
des Catalogs der University Library zertheilt unser
Gedicht unrichtigerweise so:

19. The Temple of Glass (fol. 458a).

20. Supplicacio Amantis (fol. 467).

Vgl. jedoch die Corrigenda (V, 598): *This copy differs*

from the printed editions, in having much more at the end. *The last page is here wanting, but a complete copy of this recension, in the handwriting of John Shirley, is in the British Museum, Add. Ms. 16165.* — Es ist dies ein bekanntes Ms. der Canterbury Tales, und zeichnet sich durch eine andere Fassung des Prologs zur "Legend of good Women" aus (ein Lieblings-Manuscript von Bradshaw, s. Prothero, Life of Bradshaw S. 375).

5. S = (Shirley's) Additional Ms. 16165, British Museum. S. Skeat, M. P. XLV. Papier, ca. 1450. Folio. Der Temple of Glas steht auf fol. 206b—241b. Der grösste Theil des Gedichts ist von Shirley geschrieben, nur Vers 119—134 und 391—489 rühren von andern Händen her. Nach der voraufgehenden "Regula sacerdotalis" steht in der Hs.: *Et ensy fine vn petit abstracte appellez regula sacerdotalis et comence vne soynge / moult plesaunt fait a la request dun amoreux p Lidegate · Le Moygne de Bury.* — Der laufende Titel ist: *The dreeme of a trewe lover*, das aber variirt erscheint, indem *trewe* bald fehlt, oder *a* durch þe ersetzt oder auch ausgelassen wird etc. Auf fol. 207a ist noch hinzugefügt: "made by daun John *of þe tempull of glasse þat shall next folowe þe hous of fame*" (das cursiv Gedruckte später); ähnlich auf fol. 212a spätere Zufügung: *calde þe Tẽple of glasse by Lydegate.* Vgl. noch § 4. — Colophon: *Here endiþe þe Dreme and þe compleynt of þe desyrous seruant in loue, and filewyng begynneþe þe compleint of Anelyda* etc. — Hier ist die "Compleynt" vollständiger als in G.

Die Blätter 228—230 folgen nicht in der richtigen Ordnung auf einander; es scheint, dass fol 228b zuerst

aus Versehen vom Schreiber freigelassen wurde; er
sprang von 228a unmittelbar auf 230a (und b) über;
auf die leere Seite von 228b schrieb er dann die Fortsetzung von 230b; fol. 229 sollte vor 228 stehen (vielleicht
ein Versehen beim Binden). Der Schreiber macht
selbst auf die richtige Reihenfolge aufmerksam.

6. P = Pepys 2006, Magdalene College, Cambridge;
Papier; ca. 1440—1450. S. Skeat, Legend XL; Todd,
Illustrations of Gower and Chaucer S. 116. Der Temple
of Glas steht auf Seite 17—52. Titel: *Temple of glas*
(kleine, spätere Hand); Colophon: *Explicit*. Oben auf
S. 45 beginnt eine zweite Hand (von Vers 1099 an);
der erste Schreiber hat häufige nördliche Formen. Der
Verfertiger des Index (ein Schreiber von Pepys?) scheint
das Gedicht für Chaucer's Werk gehalten zu haben.

7. L = Longleat 258. Papier und Pergament, 4⁰,
ca. 1460—1470. Im Besitz des Marquis of Bath. Vgl.
Furnivall, Supplementary Parallel-Texts of Chaucer's
Minor Poems, vor der Complaint of Mars; ferner Odd
Texts S. 251; Reports of the Commission for Historical
Mss., 3ᵈ Report, Appendix, p. 188 unten und 189 oben.
Der Temple of Glas ist hier merkwürdigerweise nicht
unter dem Inhalt des Ms. gegeben, welches das Parliament of Foules etc. enthält. Dagegen ist am gleichen
Orte, pag. 189, nach der Beschreibung dieser Hs., ein
weiteres Papier-Ms. "The Temple of Glasse", aus dem
15. Jahrhundert, erwähnt. Wie es sich mit diesem ver-
hält, bin ich ausser Stande anzugeben, da ich keine
Einsicht von demselben nehmen konnte. Der "Temple
of Glasse", der ebendaselbst, pag. 188 weiter oben, er-

wähnt ist, scheint Chaucer's "Dreme" oder, wie das
Gedicht besser genannt worden ist, "The Isle of Ladies"
zu sein; vgl. Thynne's Animadversions, printed by
Dr. Furnivall, p. 30; Skeat, M. P. pag. XXXII.
In L steht der Temple of Glas zu Anfang, von
fol. 1a—32a; Titel: *The Temple of Glas;* Colophon: *here
endith the Temple of Glas.* Auf fol. 32a standen ursprünglich nur die zwei letzten Zeilen und der Colophon;
von Sir John Thynne wurde dann ein Poem von
Rycharde Hattfeld nachgetragen; vgl. Add. Ms. 17492,
fol. 18b, wo das gleiche Gedicht steht. Vers 609. 610
fehlen in L; eine spätere Hand trug Vers 901, die Über-
schriften vor 321 und 531, sowie den laufenden Titel:
The temple of Glas nach; auch einige Correcturen rühren
von derselben her (z. B. in Vers 818. 833. 844). — Im Index
wird unser Gedicht aufgeführt als "Templum vitreum".

B) Die Drucke.

8 C = Druck von Caxton, Unicum der Universitäts-Bibliothek zu Cambridge, bezeichnet AB. 8.
48. 5. Quarto, ohne Datum, Ort, Druckernamen, Signaturen und Custoden. Die angewandten Lettern (Type
No. 2) zeigen, dass dies einer von Caxton's ältesten
Drucken ist und ungefähr dem Jahre 1478 angehört;
er enthält 34 Blätter, a^8 b^8 c^8 d^{10}; fol. a_1, welches
wahrscheinlich leer war, fehlt; das Gedicht beginnt auf
a_2 recto und endet auf d_{10} recto. Die volle Seite enthält 23 Zeilen. Titel als Ueberschrift auf a_2 recto oben:
+ *The temple of glas* +; Colophon: + *Explicit the temple
of glas* +.

Siehe die Beschreibungen bei Conyers Middleton,
A Dissertation concerning the Origin of Printing in England, 1735, p. 29; John Lewis, Life of Caxton 1737, p. 104;
Ames, Typographical Antiquities, 1749, p. 60; Herbert I,
79; Dibdin I, 306; Panzer, Annales Typographici (1795)
III, 561, No. 67; und besonders Blades, Caxton 1863,
vol. II, 59 (No. 19).

Das Cambridger Exemplar scheint zu einem
Sammelband des Bischofs More von Ely gehört zu
haben, der diesen seinerseits von John Bagford bekam;
s. Blades a. a. O. und Hazlitt, Remains of the Early
Popular Poetry of England III, 24. Jetzt sind die
einzelnen Bestandtheile wieder getrennt.

9. W = Wynkyn de Worde's erster Druck.
Ein Exemplar davon in der King's Collection im
Britischen Museum, bezeichnet $\dfrac{C \cdot 13 \cdot \bar{a} \cdot 21}{3}$. Dort ist
der Temple of Glas zusammengebunden mit der "Story
of Thebes" und der "Assemble de dyeus"; s. die Beschreibung aller drei bei Hazlitt, Hand-Book to the
Popular, Poetical, and Dramatic Literature of Great
Britain, p. 358, No. 3; vgl. auch Ward, Catalogue of
the Romances in the British Museum I, 88.

Der Druck ist in 4^0 und ca. 1500 gedruckt; er
enthält a^8 b^8 c^8 d^4 = 28 Blätter, mit 28 Zeilen auf voller
Seite. Dieser Druck hat Signaturen wie auch w und b;
bei p tritt dies nicht zu Tage, da der Fuss der Blätter
zu sehr beschnitten ist. Titel in W als Ueberschrift auf
a_1 recto: ¶ *Here begynneth the Temple of glas.* Colophon
auf d_4 recto: ¶ *Explicit the Temple of glas.* Darauf

folgen auf d₄ recto: ❡ *Duodecim abusiones*, lateinisch
mit 2 englischen Strophen in der Chaucerstrophe; dieselben finden sich auch in w und b (s. unten), sowie
in der Chaucer-Ausgabe von 1561, fol. 336 b (s. Skeat,
M. P. pag. XXIX); ferner bei Herbert unter Wynkyn
de Worde's Temple of Glass, I, 194. 195 und bei Dibdin
II, 303. In W enden sie auf d₄ verso; darunter steht
Wynkyn de Worde's Druckerzeichen No. 1 (= Caxton's
kleinem Zeichen); vgl. Herbert, Tafel zwischen I, 116
und 117, Ecke links unten; Dibdin, No. 1 von Wynkyn
de Worde's Devices.

Ueber diesen Druck und den in der nächsten
Nummer beschriebenen finden sich viele Irrthümer und
Ungenauigkeiten in den bibliographischen und typo-
graphischen Werken. Vgl. Ames (1749), p. 86; Herbert I,
194. 195; Dibdin II, 303—305; M. Denis, Supplement
zu Maittaire (1789) No. 5992, vol. II, pag. 673; Panzer
III, 561, No. 67; Ritson, Bibl. Poet., S. 68; Lowndes ed.
Bohn III, 1419; L. Hain, Repertorium Bibliographicum
No. 15364, vol. II, pars II, 397; Bibliotheca Heberiana
(1834), Theil IV, pag. 134. Unser Druck ist wohl auch
gemeint bei Herbert I, 81 unten und 82; Mason-Heber's
Exemplar muss dem des Britischen Museums gleich
oder sehr ähnlich gewesen sein.

10. Verschieden hiervon ist w, ein zweiter
Druck von Wynkyn de Worde. Ein Exemplar
davon ist im Besitz des Herzogs von Devonshire; dasselbe gehörte einstens dem Herzog von Roxburghe und
noch früher Dr. Farmer, einstigem Bibliothekar der
University Library zu Cambridge. S. Catalogue of the

Library at Chatsworth (1879) IV, 152 und IV, 340;
Bibliotheca Heberiana IV, 134. Der Druck enthält
a⁸ b⁸ c⁶ d⁴ = 26 Blätter, mit 31 Zeilen auf der vollen
Seite. Auf fol. a₁ recto Titel: ¶ *Here begynneth the temple
of Glas.* Darunter ein aus 3 Stücken zusammenge-
stellter Holzschnitt: in der Mitte ein Baum, links ein
Mann, rechts eine Dame. Das Gedicht beginnt auf a₁
verso und endet auf d₃ verso. Auf d₄ recto stehen die
"Duodecim abusiones" und die zwei dazugehörigen
Strophen. Als Colophon unten: ¶ *Here endeth the temple
of Glas Enprynted in London in Flete strete in the sygne
of the sonne. by Wynkyn de Worde* Auf der letzten
Seite, d₄ verso, befindet sich ein Holzschnitt, aus
4 Stücken zusammengesetzt; 2 davon, die übrigen ein-
schliessend, sind ornamental; oben in der Mitte die
Mutter Gottes mit Kind in einem Kirchgang; unten
W. de Worde's Druckerzeichen No. 2 (Caxton's kleines
Zeichen mit W. de Worde's Namen darunter).

Siehe Brunet, Manuel du Libraire (1862) III, 1250.
Lowndes ed. Bohn III, 1419. Bibl. Farmeriana S. 296.

Herbert pag. 1778 (citirt bei Dibdin II, 305)
spricht noch von einem weitern Drucke von Wynkyn
de Worde (mit dessen Druckerzeichen No. 5) in der
Cambridger Universitätsbibliothek; vielleicht ist dies
aber nur eine Verwechslung mit obigem Druck, den
einst Dr. Farmer besass. Die Angaben bei Ames,
Herbert und Dibdin über die letzten 3 Drucke sind
nichts weniger als klar oder genau.

11. p = Pynson's Druck. Vgl. Ritson, Bibliographia Poetica pag. 68. Fragmente von diesem Druck

fand Dr. Flügel unter den Douce-Fragments (No. 38)
der Bodleiana; es sind 4 Quartblätter, die am Rande,
besonders unten, arg beschnitten sind. Sie sind in
falscher Reihenfolge geheftet; es enthält Blatt 1 recto
die Verse 1327—1349; verso 1355—1379; Blatt 2 recto
1103—1126; verso 1131—1154; Blatt 3 recto 1159—1180;
verso 1187--1208; Blatt 4 recto 1385—1403. Darunter
Colophon:

[*Explicit*][1] *the Temple of glas.*

[*Emprynt*] *ed by · Rycharde Pynson.*

Auf der letzten Seite Pynson's grosses Druckerzeichen
(Dibdin, No. V).

12. b = Druck von Thomas Berthelet. Exemplar in der Bodleian, Oxford, bezeichnet S. Selden d.
45 (22); S. Warton-Hazlitt III, 61; Ritson, Bibl. S. 68;
Herbert I, 463; Dibdin III, 348.

Der Druck enthält a⁴ b⁶ c⁴ d⁶ e⁶ = 26 Blätter in 4⁰,
mit 31 Zeilen auf voller Seite. Auf fol. a₁ recto Titel:
*This boke called the Tëple of glasse / is in many places
amended / and late diligently imprynted.* Darunter steht
ein Holzschnitt mit Fortuna auf dem Rade, umgeben
von Fürsten und Rittern. Auf a₁ verso befindet sich
ein anderer Holzschnitt, einen Garten mit Ritter und
Dame darstellend. Das Gedicht beginnt auf a₂ recto
und endet auf e₆ recto in der Mitte; darauf folgen die
"Duodecim abusiones", die auf e₆ verso endigen; darunter
Colophon: *Thus endeth the temple of Glasse. Emprinted*

---

[1] Das in Klammern Stehende ist von mir ergänzt; das
Papier ist an dieser Stelle durchlöchert.

*at Lŏdŏ in Fletestrete | in the house of Thomas Berthelet |
nere to the Cundite | at the sygne of Lucrece.* · *Cum priuilegio.*
Eine weitere, jetzt verschollene Hs. wäre die
Paston-Hs., s. § 4, S. 17, und die Hs. von Holland
(S. 24); vgl. ferner das unter § 6, 7 Gesagte. Über
weitere Drucke s. § 6, 10 Ende, und Lowndes ed.
Bohn III, 1419. Es wäre interessant, die an letzter
Stelle genannten Drucke zu identificiren, was nach den
obigen Beschreibungen nicht schwer sein sollte. Ich
füge noch bei, dass aus textkritischen Gründen W von
C, w und p von W, b von w abstammen muss.

THESEN.

1. Die im Hous of Fame, Vers 915, und in "The]Wars
of Alexander", Vers · 5513—5530 berührte Sage von
Alexander ist identisch mit der von Kai Kaous im
Schah Nameh, und eine von beiden muss auf Ueber-
tragung beruhen.

2. Die Erklärung von Anelida = 'Ἀναΐτιδα unter-
liegt starken Bedenken.

3. In der Confessio Amantis, ed. Pauli, III, 132,
Zeile 19, ist mit Morley (Ausgabe S. 357, Spalte 2,
Vers 17 von unten) statt "astrologye" zu lesen
"aristolochye".

4. Die Erklärung des Chaucer'schen "Elcanor"
(Hous of Fame 516) ist wahrscheinlich in einer Version
der "sieben weisen Meister" zu suchen.

5. Die Aufgabe Sectio V, Lemma XXVI der "Prin-
cipien" kann direkt und vollständiger gelöst werden,
als es von Newton geschehen ist.

VITA.

Natus sum Josephus Schick Risstissae, Wurttembergiae vico, die XXI mensis Decembris 1859, patre Bartholomaeo, matre Rosa, quos adhuc vivos colo. Fidei addictus sum catholicae. Primis literarum elementis imbutus sum in schola Latina Rottenburgensi et gymnasio Ehingensi. Auctumno a. 1877 testimonium maturitatis adeptus adii universitatem literarum Tubingensem, studiis mathematicis et linguarum recentium me daturus. Tubingae per quater senos menses commoratus Monachium me contuli ibique et Stuttgardiae a. 1880—1884 versatus sum, cum munere magistri domestici fungens, tum scholas audiens et militandi praestans officium. Per duos annos in Britannia versatus Berolinum me converti studio linguarum Germanicarum me daturus. Seminarii Anglici (tria sem.) et Germanici (duo sem.) sodalis eram ordinarius. exercitationes moderantibus Julio Zupitza, Erico Schmidt, Julio Hoffory.

Magistri mei doctissimi fuerunt: Barth. Bashford, Dilthey, Ebbinghaus, Hoffory, R. M. Meyer, Oldenberg, Rödiger, Ericus Schmidt, Johannes Schmidt, Ed. Schröder, Tobler, Fredericus Vischer, Weber, Zupitza, alii.

Quibus omnibus optime de me meritis gratias ago maximas, imprimis autem Julio Zupitza, viro illustrissimo, cujus non solum institutione in seminario praeclarissima, sed etiam amicissimo consilio adjutus sum.

Josephus Schick.